CW00586378

1,000,000 Books
are available to read at

Forgotten Books

www.ForgottenBooks.com

Read online
Download PDF
Purchase in print

ISBN 978-0-364-42853-5
PIBN 11277849

This book is a reproduction of an important historical work. Forgotten Books uses state-of-the-art technology to digitally reconstruct the work, preserving the original format whilst repairing imperfections present in the aged copy. In rare cases, an imperfection in the original, such as a blemish or missing page, may be replicated in our edition. We do, however, repair the vast majority of imperfections successfully; any imperfections that remain are intentionally left to preserve the state of such historical works.

Forgotten Books is a registered trademark of FB &c Ltd.
Copyright © 2018 FB &c Ltd.
FB &c Ltd, Dalton House, 60 Windsor Avenue, London, SW19 2RR.
Company number 08720141. Registered in England and Wales.

For support please visit www.forgottenbooks.com

1 MONTH OF FREE READING

at

www.ForgottenBooks.com

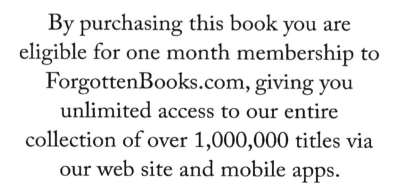

By purchasing this book you are eligible for one month membership to ForgottenBooks.com, giving you unlimited access to our entire collection of over 1,000,000 titles via our web site and mobile apps.

To claim your free month visit:

www.forgottenbooks.com/free1277849

* Offer is valid for 45 days from date of purchase. Terms and conditions apply.

English
Français
Deutsche
Italiano
Español
Português

www.forgottenbooks.com

Mythology Photography **Fiction** Fishing Christianity **Art** Cooking Essays Buddhism Freemasonry Medicine **Biology** Music **Ancient Egypt** Evolution Carpentry Physics Dance Geology **Mathematics** Fitness Shakespeare **Folklore** Yoga Marketing **Confidence** Immortality Biographies Poetry **Psychology** Witchcraft Electronics Chemistry History **Law** Accounting **Philosophy** Anthropology Alchemy Drama Quantum Mechanics Atheism Sexual Health **Ancient History** **Entrepreneurship** Languages Sport Paleontology Needlework Islam **Metaphysics** Investment Archaeology Parenting Statistics Criminology **Motivational**

CONVENÇÃO ADDICIONAL AO TRATADO

DE 22 DE JANEIRO DE 1815.

ENTRE

OS MUITO ALTOS,

E

MUITO PODEROSOS SENHORES

EL-REI DO REINO UNIDO

DE

PORTUGAL, DO BRAZIL, E ALGARVES,

E

EL-REI DO REINO UNIDO

DA

GRANDE BRETANHA E IRLANDA:

FEITA EM LONDRES

PELOS PLENIPOTENCIARIOS

DE HUMA E OUTRA CÔRTE

EM 28 DE JULHO DE 1817.

E RATIFICADA POR AMBAS.

RIO DE JANEIRO.

NA IMPRESSÃO REGIA.

1817.

DOM JOÃO POR GRAÇA DE DEOS, REI DO REINO UNIDO DE Portugal, do Brazil, e Algarves, d'aquem, e d'alem Mar, em Africa Senhor de Guiné, e da Conquista, Navegação, e Commercio da Ethiopia, Arabia, Persia, e da India, &c. Faço saber aos que a presente Carta de Confirmação, Approvação, e Ratificação virem, que em vinte e oito de Julho do corrente anno se concluio, e assignou na Cidade de Londres, entre Mim, e o Serenissimo e Potentissimo Principe, JORGE III., Rei do Reino Unido da Grande Bretanha, e Irlanda, Meu Bom Irmão e Primo, pelos Respectivos Plenipotenciarios, munidos de competentes Poderes, huma Convenção Addicional ao Tratado de vinte e dois de Janeiro de mil oitocentos e quinze, com o fim de preencher fielmente, e em toda a sua extensão, as mutuas Obrigações, que Contractamos pelo sobredito Tratado: da qual Convenção a sua fórma e theor he a seguinte:

Convenção addicional ao Tratado de 22 de Janeiro de 1815, entre SUA MAGESTADE FIDELISSIMA, e SUA MAGESTADE BRITANNICA, para o fim de impedir qualquer Commercio illicito de Escravos por parte dos Seus Respectivos Vassallos.

SUA MAGESTADE EL-REI do Reino Unido de Portugal, do Brazil, e Algarves, e SUA MAGESTADE EL-REI do Reino Unido da Gram Bretanha e Irlanda, Adherindo aos Principios que Manifestarão na Declaração do Congresso de Vienna de 8 de Fevereiro de 1815; e Dezejando Preencher fielmente, e em toda a sua extensão, as mutuas Obrigações, que Contractarão pelo Tratado de 22 de Janeiro de 1815, em quanto não chega a Epoca em que, segundo o theor do Artigo IV. do sobredito Tratado, SUA MAGESTADE FIDELISSIMA Se Reservou de Fixar, de accordo com SUA MAGESTADE BRITANNICA, o tempo em que o Trafico de Escravos deverá cessar inteiramente, e ser prohibido nos Seus Dominios; E SUA MAGESTADE EL-REI do Reino Unido de Portugal, do Brazil, e Algarves, Tendo-Se obrigado, pelo Artigo II. do mencionado Tratado, a Dar as providencias necessarias para impedir aos Seus Vassallos todo o Commercio illicito de Escra-

Additional Convention to the Treaty of the 22d of January 1815 between HIS MOST FAITHFUL MAJESTY and HIS BRITANNIC MAJESTY for the purpose of preventing Heir Subjects from engaging in any illicit Traffic in Slaves.

HIS MAJESTY THE KING of the United Kingdom of Portugal, Brazil, and Algarves, and HIS MAJESTY THE KING of the United Kingdom of Great Britain and Ireland, adhering to the Principles which They have manifested in the Declaration of the Congress of Vienna bearing date the 8.th of February 1815; and being desirous to fulfil faithfully, and to their utmost extent, the Engagements which They mutually contracted by the Treaty of the Twenty second of January 1815, and till the Period shall arrive when, according to the tenor of the 4.th Article of the said Treaty, HIS MOST FAITHFUL MAJESTY has reserved to himself, in concert with HIS BRITANNIC MAJESTY, to fix the time when the Trade in Slaves shall cease entirely, and be prohibited in his Dominions; and HIS MAJESTY THE KING of the United Kingdom of Portugal, Brazil, and Algarves, having bound himself, by the II. Article of the said Treaty, to adopt the measures neces-

vos; E Tendo-Se SUA MAGESTADE EL-REI do Reino Unido da Gram Bretanha e Irlanda Obrigado, da Sua Parte, a adoptar, de accordo com SUA MAGESTADE FIDELISSIMA, as medidas necessarias para impedir, que os Navios Portuguezes que se empregarem no Commercio de Escravos segundo as Leys do Seu Paiz, e os Tratados existentes, não soffrão perdas e encontrem estorvos da parte dos Cruzadores Britannicos: SUAS DITAS MAGESTADES Determinarão Fazer huma Convenção para este fim; E Havendo Nomeado Seus Plenipotenciarios *ad hoc*, a saber,

SUA MAGESTADE EL-REI do Reino Unido de Portugal, do Brazil, e Algarves, ao Illustrissimo e Excellentissimo Senhor Dom Pedro de Souza e Holstein, Conde de Palmella, do Seu Conselho, Capitão da Sua Guarda Real da Companhia Allemãa, Commendador da Ordem de CHRISTO, Grão Cruz da Ordem de Carlos III. em Espanha, e Seu Enviado Extraordinario e Ministro Plenipotenciario junto a SUA MAGESTADE BRITANNICA; e SUA MAGESTADE EL-REI do Reino Unido da Gram Bretanha e de Irlanda ao Muito Honrado Roberto Stewart, Visconde de Castlereagh, Conselheiro de SUA DITA MAGESTADE no Seu Conselho Privado, Membro do Seu Parlamento, Coronel do Regimento de Milicias de Londonderry, Cavalleiro da Muito Nobre Ordem da Jarreteira, e Seu Principal Secretario de Estado Encarregado da Repartição dos Negocios Estrangeiros: os quaes, depois de haverem trocado os Seus Plenos Poderes respectivos, que se acharão em boa e devida fórma, convierão nos seguintes Artigos:

ARTIGO I.

O objecto desta Convenção he, por parte de Ambos os Governos, vigiar mutuamente que os Seus Vassallos Respectivos não fação o Commercio illicito de Escravos. As DUAS ALTAS PARTES CONTRACTANTES Declarão, que Ellas considerão como Trafico illicito

sary to prevent His Subjects from all illicit Traffic in Slaves, and HIS MAJESTY THE KING of the United Kingdom of Great Britain and Ireland having, on His Part, engaged, in conjunction with HIS MOST FAITHFUL MAJESTY, to employ effectual means to prevent Portuguese Vessels trading in Slaves, in conformity with the Laws of Portugal, and the existing Treaties, from suffering any loss or Hidrance from British Cruizers: THEIR SAID MAJESTIES have accordingly resolved to proceed to the arrangement of a Convention for the attainment of these objects, and have therefore Named as Plenipotentiaries *ad hoc*, vizt:

HIS MAJESTY THE KING of The United Kingdom of Portugal, Brazil, and Algarves, The most Illustrious and most Excellent Lord, Don Pedro de Souza e Holstein, Count of Palmella, Councillor of HIS SAID MAJESTY, Captain of the German Company of His Royal Guards, Commander of the Order of CHRIST, Grand Cross of the Order of Charles III.[d] of Spain, and His Envoy Extraordinary and Minister Plenipotentiary to HIS BRITANNIC MAJESTY; and HIS MAJESTY THE KING of The United Kingdom of Great Britain and Ireland, The Right Honorable Robert Stewart, Viscount Castlereagh, a Member of HIS SAID MAJESTY most Honorable Privy Council, a Member of Parliament, Colonel of the Londonderry Regiment of Militia, Knight of the Most Noble Order of the Garter, and His Principal Secretary of State for Foreign Affairs: Who, after having exchanged their respective Full Powers, found to be in good and due form, Have agreed upon the following Articles:

ARTICLE I.

The object of this Convention is, on the part of the Two Governments, mutually to prevent their respective Subjects from Carrying on an illicit Slaves Trade. The TWO HIGH CONTRACTING POWERS declare, that They consider as illicit, any Traffic

de Escravos, o que, para o futuro, houvesse de se fazer em taes circunstancias como as seguintes, a saber:

1.° Em Navios e debaixo de Bandeira Britannica, ou por conta de Vassallos Britannicos em qualquer Navio, ou debaixo de qualquer bandeira que seja.

2.° Em Navios Portuguezes em todos os Portos ou Paragens da Costa d'Africa que se achão prohibidas em virtude do Artigo 1.° do Tratado de vinte e dois de Janeiro de mil oitocentos e quinze.

3.° Debaixo de Bandeira Portugueza ou Britannica, quando por conta de Vassallos de outra Potencia.

4.° Por Navios Portuguezes que se destinassem para hum Porto qualquer fóra dos Dominios de SUA MAGESTADE FIDELISSIMA.

ARTIGO II.

Os Territorios nos quaes, segundo o Tratado de vinte e dois de Janeiro de mil oitocentos e quinze, o Commercio dos Negros fica sendo licito para os Vassallos de SUA MAGESTADE FIDELISSIMA, são

1.° Os Territorios que a Corôa de Portugal possue nas Costas d'Africa ao Sul do Equador, a saber; na Costa Oriental da Africa, o Territorio comprehendido entre o Cabo Delgado e a Bahia de Lourenço Marques; e, na Costa Occidental, todo o Territorio comprehendido entre o oitavo e decimo oitavo grão de latitude meridional.

2.° Os Territorios da Costa d'Africa ao Sul do Equador sobre os quaes SUA MAGESTADE FIDELISSIMA Declarou

in Slaves carried on under the following circumstances:

1.st Either by British ships, and under the British Flag, or for the account of British Subjects by any Vessel, or under any Flag whatsoever.

2.dly By Portuguese Vessels in any of the Harbours or Roads of the Coast of Africa which are prohibited by the 1.st Article of the Treaty of the Twenty second of January one thousand Eight hundred and fifteen.

3.dly Under the Portuguese or British Flag, for the account of the Subjects of any other Government.

4.dly By Portuguese Vessels bound for any Port not in the Dominions of HIS MOST FAITHFUL MAJESTY.

ARTICLE II.

The Territories in which the Traffic in Slaves continues to be permitted, under the Treaty of the Twenty second of January one Thousand Eight hundred and fifteen, to the Subjects of HIS MOST FAITHFUL MAJESTY, are the following:

1.st The Territories possessed by the Crown of Portugal upon the Coast of Africa to the South of the Equator, that is to say; upon the Eastern Coast of Africa, the Territory laying between Cape Delgado and the Bay of Lourenço Marques; and upon the Western Coast, all that which is situated from the Eighth to the Eighteenth Degree of South Latitude.

2.dly Those Territories on the Coast of Africa to the South of the Equator, over which HIS MOST FAITHFUL MA-

ARTIGO III.

SUA MAGESTADE FIDELISSIMA Se Obriga, dentro do espaço de dois mezes, depois da troca das Ratificações da presente Convenção, a Promulgar na Sua Capital, e logo que for possivel, em todo o resto dos Seus Estados, huma Ley determinando as penas que incorrem todos os Seus Vassallos que, para o futuro, fizerem hum Trafico illicito de Escravos; e a Renovar, ao mesmo tempo, a prohibição já existente, de importar Escravos no Brazil debaixo de outra Bandeira que não seja a Portugueza. E a este respeito, SUA MAGESTADE FIDELISSIMA, Conformará, quanto for possivel, a Legislação Portugueza com a Legislação actual da Gram Bretanha.

ARTICLE III.

HIS MOST FAITHFUL MAJESTY, engages, within the Space of Two Months after the exchange of the Ratifications of this present Convention, to promulgate in His Capital, and in the other parts of His Dominions as soon as possible, a Law which shall prescribe the Punishment of any of His Subjects who may in future participate in an illicit Traffic of Slaves, and at the same time to renew the Prohibition which already exists to import Slaves in to the Brazils under any Flag, other than that of Portugal; and HIS MOST FAITHFUL MAJESTY engages to assimilate, as much as possible, the Legislation of Portugal in this respect, to that of Great Britain.

ARTIGO IV.

Todo o Navio Portuguez, que se destinar para fazer o Commercio de Escravos em qualquer parte da Costa d' Africa em que este Commercio fica sendo licito, deverá hir munido de hum Passaporte Real, conforme ao Formulario annexo á presente Convenção, da qual o mesmo Formulario faz parte integrante: o Passaporte deve ser escrito em Portuguez, com a traducção authentica em Inglez unida ao dito Passaporte, o qual deverá ser assignado pelo Ministro da Marinha, pelo que respeita aos Navios que sahirem do Rio de Janeiro; para os Navios que sahirem dos outros Portos do Brazil, e mais Dominios de SUA MAGESTADE FIDELISSIMA fóra da Europa, os quaes se destinarem para o dito Commercio, os Passaportes serão assignados pelo Governador e Capitão General da Capitania á que pertencer o Porto. E para os Navios, que sahindo dos Portos de Portugal, se destinarem ao mesmo Trafico, o Passaporte deverá ser assignado pelo Secretario do Governo da Repartição da Marinha.

ARTICLE IV.

Every Portuguese Vessel which shall be destined for the Slave Trade, on any Point of the African Coast where this Traffic still continues to be lawful, must be provided with a Royal Passport conformable to the model annexed to this present Convention, and which model forms an integral Part of the same. The Passport must be written in the Portuguese Language, with an authentic Translation in English annexed thereto, and it must be signed for those Vessels sailing from the Port of Rio Janeiro by the Minister of Marine; and for all other Vessels which may be intended for the said Traffic, and which may sail from any other Ports of the Brazils, or from any other of the Dominions of HIS MOST FAITHFUL MAJESTY not in Europe, the Passports must be signed by the Governor in Chief of the Captaincy to which the Port belongs: and as to those Vessels which may proceed from the Ports of Portugal to carry on the Traffic in Slaves, their Passports must be signed by the Secretary of the Government for the Marine Department.

ARTIGO V.

As DUAS ALTAS PARTES CONTRACTANTES, para melhor conseguirem o fim que Se Propoem, de impedir todo o Commercio illicito de Escravos aos Seus Vassallos respectivos, Consentem mutuamente em que, os Navios de Guerra de Ambas as Marinhas Reaes que, para esse fim, se acharem munidos das Instrucções Especiaes de que abaixo se fará menção, possão vizitar os Navios mercantes de Ambas as Nações que houver motivo razoavel de se suspeitar terem a bordo Escravos adquiridos por hum Commercio illicito: os mesmos Navios de Guerra poderão (mas sómente no cazo em que de facto se acharem Escravos a bordo) deter e levar os ditos Navios, a fim de os fazer julgar pelos Tribunaes estabelecidos para este effeito, como abaixo será declarado. Bem entendido, que os Commandantes dos Navios de ambas as Marinhas Reaes, que exercerem esta Commissão, deverão observar, stricta e exactamente, as Instrucções de que serão munidos para este effeito. Este Artigo, sendo inteiramente reciproco, as DUAS ALTAS PARTES CONTRACTANTES Se Obrigão, Huma para com a Outra, á indemnização das Perdas que os Seus Vassallos respectivos houverem de soffrer injustamente pela detenção, arbitraria e sem causa legal, dos seus Navios. Bem entendido, que a indemnização será sempre á custa do Governo ao qual pertencer o Cruzador que tiver commetido o acto de arbitrariedade. Bem entendido tambem, que a vizita e a detenção dos Navios de Escravatura, conforme se declarou neste Artigo, só poderáõ effeituar-se pelos Navios Portuguezes ou Britannicos que pertencerem a qualquer das duas Marinhas Reaes, e que se acharem munidos das Instrucções especiaes annexas á presente Convenção.

ARTICLE V.

The TWO HIGH CONTRACTING POWERS, for the more complete attainment of Their Object, namely the prevention of all illicit Traffic in Slaves on the part of Their respective Subjects, Mutually consent that the ships of War of Their Royal Navies, which shall be provided with special Instructions for this purpose, as hereinafter provided, may visit such Merchant Vessels of the Two Nations as may be suspected, upon reasonable Grounds, of having Slaves on board acquired by an illicit Traffic, and (in the Event only of their actually finding Slaves on board) may detain and bring away such Vessels, in order that they may be brought to Trial before the Tribunals established for this purpose, as shall hereinafter be specified. Provided always that the Commanders of the ships of War of the Two Royal Navies, who shall be employed on this Service, shall adhere strictly to the exact tenor of the Instructions which they shall have received for this purpose. As this Article is entirely reciprocal, the TWO HIGH CONTRACTING PARTIES engage mutually to make good any losses which Their respective Subjects may incur unjustly by the arbitrary and illegal detention of their Vessels. It being understood that this Indemnity shall invariably be borne by the Government whose Cruizer shall have been guilty of the arbitrary detention. Provided always, that the visit and detention of Slave Ships specified in this Article, shall only be effected by those Portuguese or British Vessels which may form part of the Two Royal Navies, and by those only of such Vessels which are provided with the special Instructions annexed to the present Convention.

ARTIGO VI.

Os Cruzadores Portuguezes ou Britannicos não poderáõ detêr Navio algum de Escravatura em que *actualmente* não se achá-

ARTICLE VI.

No Portuguese or British Cruizer shall detain any Slave ships not having slaves actually on board; and in order to render

rem Escravos a bordo; e será precizo, para legalisar a detenção de qualquer Navio, ou seja Portuguez, ou Britannico, que os Escravos, que se acharem a seu bordo, sejão effectivamente conduzidos para o Trafico, e que aquelles que se acharem a bordo dos Navios Portuguezes, hajão sido tirados d'aquella parte da Costa d'Africa onde o Trafico foi prohibido pelo Tratado de 22 de Janeiro de 1815.

lawful the detention of any ship, whether Portuguese or British, the Slaves found on board such Vessel must have been brought there for the express purpose of the Traffic, and those on board Portuguese ships must have been taken from that part of the Coast of Africa where the Slave Trade was prohibited by the Treaty of the 22d of January 1815.

ARTIGO VII.

Todos os Navios de Guerra das duas Nações que, para o futuro, se destinarem para impedir o Trafico illicito de Escravos, hirão munidos, pelo seu proprio Governo, de huma Copia das Instrucções annexas á presente Convenção, e que serão consideradas como parte integrante d'ella. Estas Instrucções serão escritas em Portuguez e em Inglez, e assignadas, para os Navios de cada huma das duas Potencias, pelos Ministros Respectivos da Marinha. As DUAS ALTAS PARTES CONTRACTANTES Se Reservão a faculdade de mudarem, em todo ou em parte, as ditas Instrucções, conforme as circunstancias o exigirem. Bem entendido todavia, que as ditas mudanças não se poderáõ fazer senão de commum accordo, e com o consentimento das DUAS ALTAS PARTES CONTRACTANTES.

ARTICLE VII.

All Ships of War of the Two Nations which shall hereafter be destined to prevent the illicit Traffic in Slaves, shall be furnished by their own Government with a Copy of the Instructions annexed to the present Convention, and wich shall be considered as an integral Part thereof. These Instructions shall be written in Portuguese and English, and signed for the Vessels of each of the Two Powers, by the Ministers of their respective Marine. The TWO HIGH CONTRACTING PARTIES reserve the Faculty of altering the said Instructions in whole or in part, according to circunstances, it being however, well understood, that the said alterations cannot take place but by common agreement, and by the consent of the TWO HIGH CONTRACTING PARTIES.

ARTIGO VIII.

Para julgar com menos demoras e inconvenientes os Navios que poderáõ ser detidos como empregados em hum Commercio illicito de Escravos, se estabeleceráõ (ao mais tardar dentro do espaço de hum anno depois da troca das Ratificações da presente Convenção) duas Commissões mixtas, compostas de hum numero igual de Individuos das duas Nações, nomeados para este effeito pelos Seus Soberanos Respectivos. Estas Commissões rezidiráõ, huma nos Dominios de SUA MAGESTADE FIDELISSIMA, e a outra nos de SUA MAGESTADE BRITANNICA. E os DOIS GOVERNOS Declararáõ na Epoca

ARTICLE VIII.

In order to bring to adjudication, with the least delay and inconvenience, the Vessels which may be detained for having been engaged in an illicit Traffic of Slaves, there shall be established within the space of a year, at furthest, from the Exchange of the Ratifications of the present Convention, two mixed Commissions formed of an equal number of Individuals of the Two Nations, named for this purpose by their respective Sovereigns. These Commissions shall reside, one within the Territories of HIS MOST FAITHFUL MAJESTY, the other in a Possession belonging to HIS BRITANNIC

da Troca das Ratificações da presente Convenção, Cada Hum pelo que diz respeito aos Seus Proprios Dominios, os Lugares da residencia das sobreditas Commissões: Reservando-se Cada huma das DUAS ALTAS PARTES CONTRACTANTES, o Direito de mudar, a Seu Arbitrio, o lugar de residencia da Commissão que rezidir nos Seus Estados. Bem entendido todavia, que huma das duas Commissões deverá sempre rezidir no Brazil, e a outra na Costa d'Africa.

MAJESTY and the Two Governments, at the period of the Exchange of the Ratifications of the present Convention, shall declare (each for it's own Dominions) in whate Places the Commissions shall respectively reside, Each of the TWO HIGH CONTRACTING PARTIES reserving to itself the Right of changing, at its' pleasure, the place of Residence of the Commission held within it's own Dominions, provided however, that one of the Two Commissions shall always be held in the Brazils, and the other upon the Coast of Africa.

Estas Commissões julgaráõ, sem appelação, as Causas que lhes forem appresentadas, e conforme ao Regulamento, e Instrucções annexas á presente Convenção, e que serão consideradas como parte integrante d'ella.

These Commissions shall judge the Causes submitted to them without appeal, and according to the Regulation and Instructions annexed to the present Convention, of wich they shall be considered as an integral part.

ARTIGO IX.

SUA MAGESTADE BRITANNICA, em conformidade ao que foi estipulado no Tratado de vinte e dois de Janeiro de mil oitocentos e quinze, Se Obriga a Conceder, pelo modo abaixo explicado, indemnidades sufficientes a todos os Donos de Navios Portuguezes e Suas Cargas, apprezadas pelos Cruzadores Britannicos desde a Epoca do primeiro de Junho de mil oitocentos e quatorze até a Epoca em que as duas Commissões indicadas no Artigo oitavo da presente Convenção se acharem reunidas nos seus lugares respectivos.

As DUAS ALTAS PARTES CONTRACTANTES Convierão, que todas as Reclamações da natureza acima apontada, serão recebidas e liquidadas por huma Commissão mixta, que residirá em Londres, e que será composta de hum numero igual de Individuos nomeados pelos Seus Soberanos Respectivos, e debaixo dos mesmos principios estipulados pelo Artigo oitavo desta Convenção Addicional, e pelos demais Actos que fórmão parte integrante d'ella.

A sobredita Commissão entrará em exercicio seis mezes depois da Troca das Ratificações da presente Convenção, ou antes se for possivel.

ARTICLE IX.

HIS BRITANNIC MAJESTY in conformity with the stipulations of the Treaty of the Twenty second of January one Thousand Eight hundred and Fifteen, engages to grant, in the manner hereafter explained, sufficient Indemnification to all the Proprietors of Portuguese Vessels and Cargoes, captured by British Cruizers between the First of June one Thousand Eight Hundred and Fourteen, and the period at which the Two Commissions, pointed out in the Eighth Article of the present Convention, shall assemble at their respective Posts.

THE TWO HIGH CONTRACTING PARTIES agree that all Claims of the nature hereinbefore mentioned, shall be received and liquidated by a mixed Commission to be held at London, and which shall consist of an equal number of the Individuals of the Two Nations named by Their respective Sovereigns, and upon the same Principles stipulated by the Eighth Article of this Additional Convention, and by the other Acts which form an integral part of the same.

The afore said Commission shall commence their Functions six months after the Ratification of the present Convention, or sooner, if possible.

As DUAS ALTAS PARTES CONTRACTANTES Convierão em que os Donos dos Navios tomados pelos Cruzadores Britannicos, não possão reclamar indemnidades por hum maior numero de Escravos do que aquelle que, segundo as Leys Portuguezas existentes, lhes será permittido de transportar, conforme o numero de Tonelladas do Navio apprezado.

As DUAS ALTAS PARTES CONTRACTANTES igualmente Convierão, que todo o Navio Portuguez apprezado com Escravos a bordo para o Trafico, os quaes legalmente se provasse terem sido embarcados nos Territorios da Costa d' Africa situados ao Norte do Cabo de Palmas, e não pertencentes á Corôa de Portugal; assim como que todo o Navio Portuguez, apprezado com Escravatura a bordo para o Trafico, seis mezes depois da troca das Ratificações do Tratado de vinte e dois de Janeiro de mil oitocentos e quinze, é ao qual se poder provar, que os ditos Escravos houvessem sido embarcados em paragens da Costa d' Africa situadas ao Norte do Equador, não terão direito a reclamar indemnidade alguma.

The TWO HIGH CONTRACTING PARTIES have agreed, that the Proprietors of Vessels captured by the British Cruizers cannot claim compensation for a larger number of Slaves than that which, according to the existing Laws of Portugal, they were permitted to transport according to the Rate of Tonnage of the Captured Vessel.

The TWO HIGH CONTRACTING PARTIES equally agreed, that every Portuguese Vessel captured with Slaves on board for the Traffic, wich shall be proved to have been embarked within the Territories of the Coast of Africa situated to the North of Cape Palmas and not belonging to the Crown of Portugal; as well as all Portuguese Vessels Captured with Slaves on board for the Traffic six months after the Exchange of the Ratifications of the Treaty of the Twenty second of January one Thousand Eight hundred and fifteen, and on which it can be proved, that the aforesaid Slaves were embarked in the Roadsteds of the Coast of Africa situated to the North of the Equator, shall not be entitled to claim any Indemnification.

ARTIGO X.

SUA MAGESTADE BRITANNICA Se Obriga a Pagar, o mais tardar no espaço de hum anno depois que cada Sentença for dada, as sommas que, pelas Commissões mencionadas nos Artigos precedentes, forem concedidas aos Individuos que tiverem direito de as reclamar.

ARTICLE X.

HIS BRITANNIC MAJESTY engages to pay, within the space of a year, at furthest, from the decision of each case, to the Individual having a just Claim to the same, the sums which shall be granted to them by the Commissions named in the preceding Articles.

ARTIGO XI.

SUA MAGESTADE BRITANNICA Se Obriga formalmente a Pagar as trezentas mil Livras Esterlinas de indemnidade, estipuladas pela Convenção de 21 de Janeiro de 1815, a favor dos Donos dos Navios Portuguezes apprezados pelos Cruzadores Britannicos, até á Epoca do primeiro de Janeiro de mil e oitocentos e quatorze, nos termos seguintes, a saber:

ARTICLE XI.

HIS BRITANNIC MAJESTY formally engages to pay the Three Hundred Thousand Pounds sterling of Indemnification stipulated by the Convention of the 21.st of January 1815, in favor of the Proprietors of Portuguese Vessels Captured by British Cruizers up to the period of the First of June one Thousand Eight hundred and Fourteen, in the manner following vizt:

O primeiro pagamento, de cento e cincoenta mil Livras Esterlinas, seis mezes depois da Troca das Ratificações da presente Convenção; E as cento e cincoenta mil Livras Esterlinas restantes, assim como os juros de cinco por cento devidos sobre toda a somma, desde o dia da troca das Ratificações da Convenção de vinte e hum de Janeiro de mil oitocentos e quinze, serão pagas nove mezes depois da troca da Ratificação da presente Convenção. Os Juros devidos serão abonados até o dia do ultimo pagamento. Todos os sobreditos pagamentos serão feitos em Londres ao Ministro de SUA MAGESTADE FIDELISSIMA junto a SUA MAGESTADE BRITANNICA, ou ás Pessoas, que SUA MAGESTADE FIDELISSIMA houver por bem de Authorisar para esse effeito.

ARTIGO XII.

Os Actos ou Instrumentos annexos á presente Convenção, e que fórmão parte integrante d'e a, são os seguintes;

N.° 1.° Formulario de Passaporte para os Navios Mercantes Portuguezes que se destinarem ao Trafico licito de Escravatura.

N.° 2.° Instrucções para os Navios de Guerra das duas Nações que forem destinados a impedir o Trafico illicito de Escravos.

N.° 3.° Regulamento para as Commissões mixtas que residirão na Costa d'Africa, no Brazil, e em Londres.

ARTIGO XIII.

A presente Convenção será Ratificada, e as Ratificações serão trocadas no Rio de Janeiro, no termo de quatro mezes, o mais tardar, depois da data do dia da sua assignatura.

Em fé do que os Plenipotenciarios respectivos a assignarão e sellarão com o Sello das Suas Armas.

The first payment of one Hundred and Fifty Thousand Pounds sterling, six months after the Exchange of the Ratifications of the present Convention, and the remaining one Hundred and Fifty Thousand Pounds sterling, as well as the Interest at Five per cent due upon the total sum from the day of the Exchange of the Ratifications of the Convention of the Twenty first of January one Thousand Eight Hundred and fifteen, shall be paid nine months after the Exchange of the Ratifications of the present Convention. The Interest due shall be payable up to the day of the last Payment. All the aforesaid Payments shall be made in London to the Minister of HIS MOST FAITHFUL MAJESTY at the Court of HIS BRITANNIC MAJESTY, or to the Persons whom HIS MOST FAITHFUL MAJESTY shall think proper to authorise for that purpose.

ARTICLE XII.

The Acts or Instruments annexed to this Additional Convention, and which form an integral part thereof, are as follows:

N.° 1. Form of Passport for the Portuguese Merchant Ships destined for the lawful Traffic in Slaves.

N.° 2. Instructions for the Ships of War of both Nations destined to prevent the illicit Traffic in Slaves.

N.° 3. Regulation for the mixed Commissions which are to hold their Sittings on the Coast of Africa, at the Brazils, and in London.

ARTICLE XIII.

The present Convention shall be ratified and the Ratifications thereof exchanged at Rio Janeiro within the space of four months, at furthest, dating from the day of it's signature.

In witness whereof, the respective Plenipotenciaries have signed the same, and have thereunto affixed the Seal of their Arms.

Feita em Londres aos vinte e oito dias do mez de Julho, do anno do Nascimento de NOSSO SENHOR JEZUS CRISTO, mil oitocentos e dezesete.

(L. S.) *Conde de Palmella.*

Done at London, the Twenty Eighth day of July, in the year of OUR LORD one Thousand Eight hundred and seventeen.

(L. S.) *Castlereagh.*

N.º 1.

Formulario de Passaporte para as Embarcações Portuguezas que se destinarem ao Trafico licito de Escravos.

(Lugar das Armas Reaes.)

F Ministro e Secretario de Estàdo dos Negocios da Marinha e Dominios Ultramarinos &c. &c. (ou Governador, ou Secretario do Governo de Portugal.)

Faço saber a todos que o presente Passaporte virem, que o Navio denominado de Tonelladas, levando homens de tripulação, e passageiros; de que he Mestre e Dono Portuguezes e Vassallos deste Reino Unido, segue viagem para os Portos de e e Costa de d'onde hade voltar para Os ditos Mestre, e Dono havendo primeiro prestado o juramento necessario perante a Real Junta do Commercio desta Capital (ou Meza da Inspecção desta Capitania) e tendo provado legalmente que no dito Navio e Carga não tem parte pessoa alguma Estrangeira, como se mostra pela Certidão da mesma Real Junta (ou da Meza da Inspecção) que vai annexa a este Passaporte. Os ditos Mestre e Dono do dito Navio ficando obrigados a entrar unicamente n'aquelles Portos da Costa de Africa onde o Trafico da Escravatura he permittido aos Vassallos do Reino Unido de Portugal, do

Form of Passport for Portuguese Vessels destined for the lawful Traffic in Slaves.

(Place for the Royal Arms.)

J Minister and Secretary of State for the Affairs of the Marine and Transatlantic Dominions, &c. (or Governor of this Province, or Secretary of the Government of Portugal.)

Make known to those that shall see the present Passport, that the Vessel Called of Tons, and Carrying men and Passengers, Master, and Owner, Portuguese, and Subjects of the United Kingdom is bound to the Ports of and and Coast of from whence she is to return to, the said Master and Owner having previously taken te required oath before the Royal Board of Commerce of this Capital (or Board of Inspection of this Province) and having legally proved that no Foreigner has any share in the above Vessel and Cargo, as appears by the Certificate of that Royal Board (or Board of Inspection) which is annexed to this Passport. The said Master, and Owner of the said Vessel, being under an obligation to enter solely such Ports on the Coast of Africa where the Slave Trade is permitted to the Subjects of the United Kingdom of Portugal, Brazil, and Algarves, and to

Brazil, e Algarves, e a voltar de lá para qualquer dos Portos deste Reino, onde unicamente lhes será permittido desembarcar os Escravos que trouxerem, depois de ter satisfeito ás formalidades necessarias para mostrar que se tem em tudo conformado com as Determinações do Alvará de 24 de Novembro de 1813, pelo qual SUA MAGESTADE Foi Servido Regular o transporte de Escravos da Costa d'Africa para os Seus Dominios do Brazil. E deixando elles de cumprir qualquer d'estas condições ficarão sugeitos ás penas impostas pelo Alvará de (*a*) contra aquelles que fizerem o Trafico de Escravos de huma maneira illicita. E porque na hida ou volta póde ser encontrado em quaesquer mares ou portos pelos Cabos e Officiaes das Náos, e mais Embarcações do mesmo Reino: Ordena EL-REI Nosso Senhor que lhe não ponhão impedimento algum, e Recommenda aos das Armadas, Esquadras, e mais Embarcações dos Reis, Principes, Republicas, Potentados, Amigos, e Alliados desta Corôa, que lhe não embarassem seguir a sua viagem, antes para a fazer lhe dêm a ajuda e favor de que necessitar, na certeza de que aos recommendados pelos SEUS PRINCIPES se fará pela nossa parte o mesmo e igual tratamento. Em fé do que SUA MAGESTADE lhe Mandou dar este Passaporte por mim assignado e sellado com o Sello Grande das Armas Reaes; o qual Passaporte valerá sómente por

e só por huma viagem. Dado no Palacio de aos dias do mez de do anno do Nascimento de NOSSO SENHOR JESUS CHRISTO.

(L. S.) *N.*

Por Ordem de Sua Excellencia.
O Official que lavrou o Passaporte.

Nota. (*a*) Este Alvará deverá ser promulgado em consequencia do Artigo 3.º da Convenção Addicional de 28 de Julho de 1817.

return from thence to any of the Ports of this Kingdom, where alone they shall be permitted to land the Slaves whom they carry, after going through the proper Forms, to shew that they have, in every respect, complied with the Provisions of the Alvará of the 24.th of November 1813, by which HIS MAJESTY was pleased to regulate the Conveyance of Slaves from the Coast of Africa to his Dominions of Brazil. And should they fail to execute any of these Conditions, they shall be liable to the Penalties denounced by the Alvará of (*a*) against those who shall carry on the Slave Trade in an illicit manner. And as in going or returning she may, either at sea or in Port, meet officers of ships and Vessels of the same Kingdom; THE KING OUR LORD Orders them not to give Her any obstruction, and HIS MAJESTY recommends to the Officers of the Fleets, Squadrons, and ships of the Kings, Princes, Republics, and Potentates, the Friends and Allies of the Crown, not to prevent Her from prosecuting Her Voyage, but, on the contrary, to afford Her any aid and accomodation she may want for continuing the same; being persuaded that those recommended by Their Princes, will, on Our Part, experience the same Treatment. In Testimony of which, HIS MAJESTY has ordened Her to be furnished by me with this Passport, signed, and sealed with the Great Seal of the Royal Arms, which shall have Validity only

for and for one Voyage alone. Given in the Palace of the of in the Year after the Birth of OUR LORD JESUS CHRIST.

(L. S.) *N.*

By Order of His Excellency.
The Officer who made out the Passaport.

Note (*a*) This Alvará to be promulgated in pursuance of the 3.d Article of the Additional Convention of the 28.th of July 1817.

Este Passaporte (N.º) authorisa o Navio nelle mencionado a levar a seu bordo de huma vez qualquer numero de Escravos não excedendo sendo por Tonellada, conforme he permittido pelo Alvará de (b) exceptuando sempre os Escravos empregados como Marinheiros ou Criados, e as Crianças nascidas a bordo durante a viagem.

(assignado como Passaporte pelas Authoridades Portuguezas respectivas).

Conde de Palmella.

This Passports numbered authorises any Number of Slaves not exceeding being per Ton, as permitted by the Alvará of (b) to be on board of this ship at one time, excepting always such Slaves employed as Sailors or Domestics, and Children born on board during the voyage.

(Signed as above by the proper Portuguese Authorities.)

Castlereagh.

N.º 2

Instrucções destinadas para os Navios de Guerra Portuguezes e Inglezes que tiverem a seu Cargo o impedir o Commercio illicito de Escravos.

Instructions intended for the British and Portuguese Ships of War employed to prevent the illicit Traffic in Slaves.

ARTIGO I.

Todo o Navio de Guerra Portuguez ou Britannico terá o direito, na Conformidade do Artigo quinto da Convenção Addicional de data de hoje, de vizitar os Navios Mercantes de huma ou de outra Potencia que fizerem realmente, ou forem suspeitos de fazer o Commercio de Negros; e se a bordo delles se acharem Escravos, conforme o theor do Artigo sexto da Convenção Addicional acima mencionada; e pelo que diz respeito aos Navios Portuguezes, se houverem motivos para se suspeitar que os sobreditos Escravos fossem embarcados em hum dos Pontos da Costa de Africa onde este Commercio não lhes he já permittido,

ARTICLE I.

Every British or Portuguese ship of War shall, in Conformity with the Fifth Article of the additional Convention of this date, have a Right to Visit the Merchant ships of either of the Two Powers actually engaged, or suspected to be engaged in the Slave Trade; and should any Slaves be found on board, according to the tenor of the sixth Article of the aforesaid Additional Convention, and, as to what regards the Portuguese Vessels; should there be ground to suspect, that the said Slaves have been embarked on a Part of the Coast of Africa where the Traffic in Slaves can no longer be legally carried on, in consequence of the Stipulations in force

Nota. (b) Isto he, o Alvará de 24 de Novembro de 1813, ou outra qualquer Ley Portugueza, que haja de se promulgar para o futuro em lugar desta.

Note. (b) That is to say the Alvará of the 24.th November 1813, or any other Portuguese Law which may hereafter be promulgated in lieu thereof.

segundo as Estipulações existentes entre as DUAS ALTAS POTENCIAS: neste caso tão sómente, o Commandante do dito Navio de Guerra os poderá deter; e havendo-os detido, deverá conduzi-los o mais promptamente que for possivel para serem julgados por aquella das duas Commisões mixtas, estabelecidas pelo Artigo oitavo da Convenção Addicional de data de hoje, de que estiverem mais proximos, ou á qual o Commandante do Navio apprezador julgar, debaixo da sua responsabilidade, que póde mais depressa chegar desde o ponto onde o Navio de Escravatura houver sido detido.

Os Navios a bordo dos quaes se não acharem Escravos destinados para o Trafico, não poderão ser detidos debaixo de nenhum pretexto ou motivo qualquer.

Os Criados ou Marinheiros Negros que se acharem a bordo destes ditos Navios, não serão, em caso nenhum, hum motivo sufficiente de detenção.

between TWO HIGH POWERS: In these cases alone, the Commander of the said ship of War may detain them; and having detained them, he is to bring them as soon as possible for Iudgment before that of the Two mixed Commissions appointed by the Eighth Article of the Additional Convention of this date, which shall be the nearest, or which the Commander of the Capturing ship shall, upon his own Responsibility, think he can soonest reach, from the spot where the Slave ship shall have been detained.

Ships on board of which no Slaves shall be found intended for purposes of Traffic, shall not be detained on any account or pretence whatever.

Negro Servants or Sailors that may be found on board the said Vessel, cannot, in any case, be deemed a sufficient cause for detention.

ARTIGO II.

Não poderá ser vizitado ou detido, debaixo de qualquer pretexto ou motivo que seja, Navio algum Mercante ou empregado no Commercio de Negros em quanto estiver dentro de hum porto ou enseada pertencente a huma das DUAS ALTAS PARTES CONTRACTANTES, ou ao alcance de tiro de peça das baterias de terra; mas dado o caso que fossem encontrados nesta situação Navios suspeitos, poderão fazer-se as Representações convenientes âs Authoridades do Paiz, pedindo-lhes que tomem medidas efficazes para obstar a semelhantes abusos.

ARTICLE II.

No Merchantmen or Slave ship can, on any account or pretence whatever, be visited or detained whilst in the Port or Roadsted belonging to either of the TWO HIGH CONTRACTING POWERS, or within Cannon shot of the Batteries on Shore. But in case suspicious Vessels should be found so circunstanced, proper Representations may be addressed to the Authorities of the Country, requesting them to take effectual measures for preventing such abuses.

ARTIGO III.

As ALTAS PARTES CONTRACTANTES, considerando a immensa extensão das Costas de Africa ao Norte do Equador, onde este Commercio fica prohibido, e a facilidade que haveria de fazer hum Trafico illicito naquellas paragens, onde a falta total ou talvez a distancia das Authoridades competentes impedisse, de se recor-

ARTICLE III.

The HIGH CONTRACTING POWERS having in view the immense extent of the Shores of Africa to the North of the Equator, along which this Commeree continues prohibited, and the Facility thereby afforded for illicit Traffic on Points where either the total absence, or at least the distance of lawful authorities, bar ready

ter a estas Authoridades para se opporem ao dito Commercio: e para mais facilmente alcançarem o fim util que tem em vista, Convierão de conceder, e com effeito se concedem, mutuamente a faculdade, sem prejudicar aos Direitos de Soberania, de vizitar e de deter, como se se encontrasse no mar largo, qualquer Navio que for achado com Escravatura a bordo, ainda mesmo ao alcance de tiro de peça de terra das Costas dos seus territorios respectivos no Continente da Africa ao Norte do Equador; huma vez que ali não haja Authoridade local á qual se possa recorrer, como fica dito no Artigo antecedente. No caso sobredito os Navios vizitados poderáõ ser conduzidos perante as Commissões mixtas, na fórma estipulada no Artigo primeiro das presentes Instrucções.

ARTIGO IV.

Não poderáõ ser detidos, debaixo de pretexto algum, os Navios Portuguezes Mercantes, ou empregados no Commercio de Negros, que forem encontrados em qualquer paragem que seja, quer perto de terra, quer no mar largo, ao *Sul do Equador*, a menos que não seja em consequencia de se lhes haver começado a dar caça ao Norte do Equador.

ARTIGO V.

Os Navios Portuguezes, munidos de hum Passaporte em regra, que tiverem carregado a seu bordo Escravos nos Pontos da Costa d'Africa onde o Commercio de Negros he permittido aos Vassallos Portuguezes, e que depois forem encontrados ao Norte do Equador; não deveráõ ser detidos pelos Navios de Guerra das duas Nações, quando mesmo estejão munidos das presentes Instrucções, com tanto que justifiquem a sua derrota, seja por ter, segundo os usos da Navegação Portugueza, feito hum bordo para o Norte de alguns gráos, a fim de hir buscar ventos favoraveis; seja por outras causas legitimas, como as fortunas do mar,

access to those authorities; in Arder to prevent it, have agreed, for the more readily attaining the salutary End which they propose, to grant, and They do actually grant to each other the Power, without prejudice to the Rights of Sovereignty, to visit and detain, as if on the High Seas, any Vessel having Slaves on board, even within Cannon shot of the shore of Their respective Territories on the Continent of Africa to the North of the Equator, in case of there being no local Authorities to whom Recourse might be had, has been stated in the preceding Article. In such case Vessels so visited may be brought before the mixed Commissions in the form prescribed in the first Article of the preceding Instructions.

ARTICLE IV.

No Portuguese Merchantman or Slave shipe shall, on any pretence whatever, be detained, which shall be found any where near the Land, or on the High Seas, *South of the Equator*, unless after a chace that shall have commenced North of the Equator.

ARTICLE V.

Portuguese Vessels furnished with a regular Passport, having Slaves on board shipped at those Parts of the Coast of Africa where the Trade is permitted to Portuguese Subjects, and which shall afterwards be found North of the Equator, shall not be detained by the ships of War of the Two Nations, tho' furnished with the present Instructions, provided the same can account for their course, either in conformity with the practice of the Portuguese Navigation, by steering some Degrees to the Northward in search of fair Winds, or for other legitimate causes, such as the dangers of the sea duly proved; or lastly in the

devidamente provadas; ou seja finalmente no cazo em que os seus Passaportes mostrem que elles se destinão para algum dos portos pertencentes á Corôa de Portugal que estão situados fóra do Continente da Africa.

Bem entendido que, pelo que respeita aos Navios de Escravatura que forem detidos ao Norte do Equador, a prova da legalidade da viagem deverá ser produzida pelo Navio detido; e que ao contrario acontecendo que hum Navio de Escravatura seja detido ao Sul do Equador, conforme a Estipulação do Artigo precedente, neste cazo a prova da illegalidade deverá ser produzida pelo aprezador.

He igualmente estipulado que, ainda mesmo quando o numero de Escravos, que os Cruzadores acharem a bordo de hum Navio de Escravatura, não corresponder ao que declarar o seu Passaporte, não será este motivo bastante para justificar a detenção do Navio; mas n'este cazo o Capitão e o Dono do Navio deverão ser denunciados perante os Tribunaes Portuguezes no Brasil, para ali serem castigados conforme as Leis do Paiz.

case of their Passports proving that they were bound for a Portuguese Port not within the Continent of Africa.

Provided always that, with regard to all slave ships detained to the North of the Equator, the Proof of the Legality of the Voyage is to be furnished by the Vessel so detained; On the other hand with respect to Slave ships detained to the South of the Equator, in conformity whith the Stipulation of the preceding Article, the proof of the illegality of the Voyage is to be exhibited by the Captor.

It is in like manner stipulated that the number of Slaves found on board a Slave ship by the Cruizers, even should the number not agree with that contained in their Passport, shall not be a sufficient reason to justify the detention of the ship; But the Captain and the Proprietor shall be denounced in the Portuguese Tribunals in the Brazils, in order to their being punished according to the Laws of the Country.

ARTIGO VI.

Todo o Navio Portuguez que se destinar a fazer o Commercio licito de Escravos, debaixo dos principios declarados na Convenção Addicional de data de hoje, deverá ter o Capitão e os dois terços, ao menos, da Tripulação de Nação Portugueza. Bem entendido que o ser o Navio de Construcção Estrangeira nada implicará com a sua nacionalidade; e que os Marinheiros Negros serão sempre considerados como Portuguezes, com tanto que (se forem Escravos) pertenção a Vassallos da Corôa de Portugal, ou que tenhão sido forrados nos Dominios de SUA MAGESTADE FIDELISSIMA.

ARTICLE VI.

Every Portuguese Vessel intended to be employed in the legal Traffic in Slaves, in conformity with the Principles laid down in the Additional Convention of this date, shall be commanded by a Native Portuguese, and Two Thirds, at least, of the Crew shall likewise be Portuguese: provided always, that it's Portuguese or Foreign Construction shall, in no wise, affect it's nationality, and that the negro sailors shall always be reckoned as Portuguese; provided they belong, as Slaves, to Subjects of the Crown of Portugal, or that they have been enfranchised in the Dominions of HIS MOST FAITHFUL MAJESTY.

ARTIGO VII.

Todas as vezes que huma Embarcação de Guerra encontrar hum Navio Mercante que estiver no cazo de dever ser vizitado,

ARTICLE VII.

Whenever a ship of war shall meet a Merchant Vessel liable to be searched, it shall be done in the most mild manner, and

aquella deverá comportar-se com toda a moderação, e com as attenções devidas entre Nações Amigas e Alliadas; e em todo o cazo a vizita será feita por hum Official que tenha o posto ao menos de Tenente de Marinha.

with every attention which is due between Allied and Friendly Nations: and in no case shall the search be made by an Officer holding a Rank inferior to that of Lieutenant in the Navy.

ARTIGO VIII.

As Embarcações de Guerra, que, debaixo dos principios declarados nas presentes Instrucções, detiverem os Navios de Escravatura, deveráõ deixar a bordo toda a Carga de Negros intacta, assim como o Capitão e huma parte ao menos da Tripulação do dito Navio.

O Capitão fará huma declaração authentica por escrito, que mostre o estado em que elle achou a Embarcação detida, e as alterações que nella tiverem havido. Deverá tambem dar ao Capitão do Navio de Escravatura hum Certificado assignado dos papeis que houverem sido apprehendidos ao dito Navio, assim como do Numero de Escravos achados a bordo ao tempo da detenção.

Os Negros não serão desembarcados se não quando os Navios, a bordo dos quaes se achão, chegarem ao lugar onde a validade da preza deve ser julgada por huma das duas Commissões mixtas, para que, no cazo que não sejão julgados de boa preza, a perda dos Donos possa mais facilmente ressarcir-se. Se porém houverem motivos urgentes, procedidos da duração da Viagem, do estado de saude dos Escravos, ou outros quaesquer que exijão que os Negros sejão desembarcados todos, ou em parte delles, antes de poderem os Navios ser conduzidos ao lugar da rezidencia de huma das mencionadas Commissões, o Commandante do Navio apprezador poderá tomar sobre si esta responsabilidade, com tanto porém que aquella necessidade seja constatada por hum Attestado em fórma.

ARTICLE VIII.

The Ships of War which may detain the slave ships in pursuance of the Principles laid down in the present Instructions, shall leave on board all the Cargo of negros untouched, as well as the Captain, and a Part, at least, of the Crew of the above mentioned slave ship.

The Captain shall draw up, in writing, an authentic Declaration, which shall exhibit the state in which he found the detained ship, and the changes which may have take place in it. He shall deliver to the Captain of the Slave ship a signed Certificate of the Papers seized on board the said Vessel, as well as of the number of Slaves found on board at the moment of detention.

The negroes shall not be disembarked till after the Vessel which contain them shall be arrived at the place where the legality of the Capture is to be tried by one of the Two mixed Commissions, in order that, in the event of their not being adjudged legal Prize, the Loss of the Proprietors may be more easily repaired. If however, urgent motives, deduced from the length of the Voyage, the state of health of the negroes, or other causes, required that they should be disembarked entirely or in part, before the Vessels could arrive at the place of Residence of one of the said Commissions, the Commander of the Capturing ship may take on himself the responsibility of such disembarkation, provided that the necessity be stated in a Certificate in proper form.

ARTIGO IX.

Não se poderá fazer transporte algum de Escravos, como objecto de Commercio, de hum para outro porto do Brazil, ou do

ARTICLE IX.

No Conveyance of Slaves from one Port of the Brazils to another, or from the Continent or Islands of Africa to the Possessions

Continente e Ilhas na Costa da Africa para os Dominios da Coroa de Portugal fóra da America, senão em Navios munidos de Passaportes *ad hoc* do Governo Portuguez.

Feito em Londres aos vinte e oito dias do mez de Julho do Anno do Nascimento de NOSSO SENHOR JEZUS CHRISTO mil oitocentos e dezesete.

(L. S.) *Conde de Palmella.*

of Portugal out of America, shall take place, as objects of Commerce, except in ships provided with Passport from the Portuguese Government *ad hoc.*

Done at London, the Twenty Eight day of July in the year of OUR LORD one Thousand Eight Hundred and Seventeen.

(L. S.) *Castlereagh.*

N.° 3.

Regulamento para as Commissões mixtas que devem rezidir na Costa de Africa, no Brazil, e em Londres.

Regulations for the mixed Commissions which are to reside on the Coast of Africa, in the Brazils, and at London.

ARTIGO I.

As Commissões mixtas, estabelecidas pela Convenção Addicional da data de hoje na Costa de Africa, e no Brazil, são destinadas para julgar da legalidade da detenção dos Navios empregados no trafico da Escravatura, que os Cruzadores das duas Nações houverem de deter em virtude da mesma Convenção, por fazerem hum Commercio illicito de Escravos.

As sobreditas Commissões julgaráõ, sem appellação, conforme a letra e espirito do Tratado de vinte e dois de Janeiro de mil oitocentos e quinze, e da Convenção Addicional ao mesmo Tratado, assignada em Londres no dia vinte e oito de Julho de mil oitocentos e dezesete. — As Commissões deveráõ dar as suas Sentenças tão summariamente quanto for possivel; e lhes he prescripto o decidirem, (sempre que for praticavel) no espaço de vinte dias, contados daquelle em que cada Navio detido for conduzido ao porto da sua rezidencia:

1.° Sobre a legitimidade da Captura.

2.° Sobre as indemnidades que o Navio apprezado deverá receber, no cazo de se lhe dar liberdade.

Ficando estipulado, que, em todos os cazos, a Sentença final não poderá ser diffe-

ARTICLE I.

The mixed Commissions to be established by the Additional Convention of this date, upon the Coast of Africa, and in the Brazils, are appointed to decide upon the legality of the Detention of such Slave Vessels as the Cruizers of both Nations shall detain, in pursuance of this same Convention for Carrying on an illicit Commerce in Slaves.

The above mentioned Commissions shall judge without appeal, according to the letter and spirit of the Treaty of the 22.d of January 1815, and of the Additional Convention to the said Treaty, signed at London on this Twenty Eight day of July one Thousand Eight hundred and seventeen. The Commissions shall give Sentence as summarily as possible; and they are required to decide (as far as they shall find it praticable) within the space of Twenty days, to be dated from that on which every detained Vessel shall have been brought into the Port where they shall reside:

1.st Upon the legality of the Capture.

2.° In the case in which the captured Vessel shall have been liberated, as to the Indemnification which she is to receive.

And it is hereby provided that in all cases the final Sentence shall not be delayed,

rida além do termo de dous mezes, quer seja por causa de auzencia de testemunhas, ou por falta de outras provas; excepto á requerimento de alguma das partes interessadas, com tanto que estas dêm fiança sufficiente de se encarregarem das despezas e riscos da demora, no qual cazo os Commissarios poderáõ á sua discrição conceder huma demora addicional, a qual não passará de quatro mezes.

on account of the absence of Witnesses, or for want of other proofs, beyond the period of Two months, except upon the application of any of the Parties interested; when, upon their giving satisfactory security to charge themselves with the expence and Risks of the Delay, the Commissioners may, at their discretion, grant an Additional delay not exceeding four months.

ARTIGO II.

Cada huma das sobreditas Commissões mixtas, que devem rezidir na Costa de Africa, e no Brazil, será composta da maneira seguinte; a saber:

As DUAS ALTAS PARTES CONTRACTANTES nomearáõ, Cada huma dellas, hum Commissario Juiz, e hum Commissario Arbitro, os quaes serão authorisados a ouvir e decidir, sem appellação, todos os cazos de Captura dos Navios de Escravatura que lhes possão ser submettidos, conforme a Estipulação da Convenção Addicional da data de hoje. Todas as partes essenciaes do processo perante estas Commissões mixtas deveráõ ser feitas por escrito, na lingua do Paiz onde rezidir a Commissão. Os Commissarios Juizes, e os Commissarios Arbitros, prestaráõ juramento, perante o Magistrado principal do Paiz onde rezidir a Commissão, de bem e fielmente julgar; de não dar preferencia alguma nem aos Reclamadores nem aos Captores; e de se guiarem em todas as suas Decisões pelas Estipulações do Tratado de vinte e dois de Janeiro de mil oitocentos e quinze, e da Convenção Addicional ao mesmo Tratado.

Cada Commissão terá hum Secretario, ou Official de Registo, nomeado pelo SOBERANO do Paiz onde rezidir a Commissão. Este Official deverá registar todos os Actos da Commissão; e antes de tomar posse do lugar deverá prestar juramento, ao menos perante hum dos Juizes Commissarios, de se comportar com respeito á sua authorida-

ARTICLE II.

Each of the above mentioned mixt Commissions, which are to reside on the Coast of Africa, and in the Brazils, shall be composed in the following manner:

The TWO HIGH CONTRACTING PARTIES shall Each of them name a Commissary Judge, and a Commissioner of Arbitration, who shall be authorised to hear and to decide, without appeal, all cases of Capture of Slave Vessels which, in pursuance of the Stipulation of the Additional Convention of this date may be laid before them. All the essential Parts of the Procedings carried on before these mixt Commissions, shall be written down in the Language of the Country in which the Commission may reside. The Commissary Judges and the Commissioners of Arbitration shall make Oath, in presence of the Principal Magistrate of the Place in which the Commission may reside, to judge fairly and faithfully; to have no preference either for the Claimants or the Captors; and to act, in all their Decisions, in pursuance of the Stipulations of the Treaty of the 22.[d] of January 1815, and of the Additional Convention to the said Treaty.

There shall be attached to each Commission a Secretary or Registrer appointed by the SOVEREIGN of the Country in which the Commission may reside, who shall register all its Acts, and who, previous to his taking charge of his Port, shall make Oath, in presence of at least one of the Commissary Judges, to conduct

de, e de proceder com fidelidade em todos os Negocios pertencentes ao seu emprego.

himself with respect for their Authority; and to act with Fidelity in all the Affairs which may belong to his charge.

ARTIGO III.

A fórma do Processo será como se segue:

Os Commissarios Juizes das duas Nações deveráõ, em primeiro lugar, proceder ao exame dos papeis do Navio, e receber os depoimentos, debaixo de Juramento, do Capitão, e de dois ou tres, pelo menos, dos principaes individuos a bordo do Navio detido; assim como a declaração do Captor debaixo de Juramento, no cazo que pareça necessaria; a fim de se poder julgar e decidir, se o dito Navio foi devidamente detido, ou não, segundo as Estipulações da Convenção Addicional da data de hoje, e para que, á vista deste Juizo, seja condemnado, ou posto em liberdade. E' no cazo que os dous Commissarios Juizes não concordem na Sentença que deveráõ dar, já seja sobre a legitimidade da detenção, já sobre a indemnidade que se deverá conceder, ou sobre qualquer outra duvida que as Estipulações da Convenção desta data possão suscitar; nestes cazos, faráõ tirar por sorte o nome de hum dos dous Commissarios Arbitros, o qual, depois de haver tomado conhecimento dos Autos do Processo, deverá conferir com os sobreditos Commissarios Juizes sobre o cazo de que se trata; e a Sentença final se pronunciará conforme os votos da maioria dos sobreditos Commissarios Juizes, e do sobredito Commissario Arbitro.

ARTICLE III.

The Form of the Process shall be as follows:

The Commissary Judges of the Two Nations shall, in the first Place, proceed to the Examination of the Papers of the Vessel, and to receive the Depositions on Oath of the Captain and of the two or three, at least, of the Principal Individuals on board of the detained Vessel, as well as the Declaration on Oath of the Captor, should it appear necessary, in order to be abie to judge and to pronounce if the said Vessel has been justly detained or not, according to the Stipulations of the Additional Convention of this date; and in order that, according to this Judgement, it may be condemned or liberated. And in the event of the Two Commissary Judges not agreeing on the Sentence they ought to pronounce, whether as to the Legality of the detention, or the Indemnification to be allowed, or on any other Question which might result from the Stipulations of the Convention of this date, they shall draw by lot the name of one of the Two Commissioners of Arbitration, who, after having considered the Documents of the Process, shall consult with the abovementioned Commissary Judges on the case in question, and the final Sentence shall be pronounced conformably to the opinion of the majority of the abovementioned Commissary Judges, and of the abovementioned Commissioner of Arbitration.

ARTIGO IV.

Todas as vezes que a Carga de Escravos, achada a bordo de hum Navio de Escravatura Portuguez, houver sido embarcada em qualquer Ponto da Costa d'Africa, onde o trafico de Escravos he licito aos Vassallos de SUA MAGESTADE FIDELISSIMA, hum tal Navio não poderá ser

ARTICLE IV.

As often as the Cargo of Slaves found on board of a Portuguese Slave ship shall have been embarked on any Point whatever of the Coast of Africa where the Slave Trade continues lawful to the Subjects of Crown of Portugal, such Slave ship shall not be detained on Pretext that the above

detido debáixo do pretexto de terem sido os sobreditos Escravos trazidos na sua origem por terra de outra qualquer parte do Continente.

mentioned Slaves have been brought originally by *Land* from any other Part whatever of the Continent.

ARTIGO V.

Na declaração authentica que o Captor deverá fazer perante a Commissão, assim como ná Certidão dos papeis apprehendidos, que se deverá pássar ao Capitão do Navio aprezado no momento da sua detenção, o sobredito Captor será obrigado a declarar o seu nome, e o nome do seu Navio, assim como a latitude e longitude da paragem onde tiver acontecido a detenção, e o numero de Escravos achados vivos a bordo do Navio ao tempo da detenção.

ARTICLE V.

In the authenticated Declaration which the Captor shall make before the Commission, as well as in the Certificate of the Papers seized, which shall be delivered to the Captain of the Captured Vessel at the time of the detention, the abovementioned Captor shall be bound to declare his name, the name of his Vessel, as well as the Latitude and Longitude of the Place where the Detention shall have taken place, and the number of Slaves found living on board the slave ship at the time of the Detention.

ARTIGO VI.

Immediatamente depois de dada a Sentença, o Navio detido, (se for julgado livre) e o quanto restar da sua Carga, serão restituidos aos Donos, os quaes poderáõ reclamar perante a mesma Commissão a avaliação das indemnidades a que terão direito de pertender.

O mesmo Captor, e, na sua falta, o seu Governo, ficará responsavel pelas sobreditas indemnidades.

As DUAS ALTAS PARTES CONTRACTANTES se Obrigão a satisfazer, no prazo de hum anno desde a data da Sentença, as indemnidades que forem concedidas pela sobredita Commissão. Bem entendido que estas indemnidades serão sempre á custa daquella Potencia á qual pertencer o Captor.

ARTICLE VI.

As soon as Sentence shall have been passed, the detained Vessel, if liberated, and what remains of the Cargo, shall be restored to the Proprietors, who may, before the same Commission, claim a Valuation of the Damages which they may have a Right to demand.

The Captor himself, and in his default, his Government, shall remain responsible for the above mentioned Damages.

The TWO HIG CONTRACTING PARTIES bind themselves to defray, within the term of a Year from the date of the Sentence, the Indemnifications which may be granted by the abovenamed Commission. It being understood that these Indemnifications shall be at the Expence of the Power of which the Captor shall be a Subject.

ARTIGO VII.

No cazo de ser qualquer Navio condemnado por viagem illicita, serão declarados boa preza o Casco, assim como a Carga, qualquer que ella seja; á excepção dos Escravos que se acharem a bordo para objecto de Commercio: e o dito Navio e a dita Carga serão vendidos em leilão publico, á

ARTICLE VII.

In case of the Condemnation of a Vessel of an unlawful Voyage, she shall be declared lawful Prize, as well as her Cargo, of whatever description it may be, with the exception of the Slaves who may be on board as objets of Commerce: And the said Vessel, as well as her Cargo, shall be sold by Public sale,

beneficio dos dois Governos: e quanto aos Escravos, estes deveráõ receber da Commissão mixta huma Carta de Alforria, e serão consignados ao Governo do Paiz em que rezidir a Commissão que tiver dado a Sentença, para serem empregados em qualidade de Criados ou de trabalhadores livres. — Cada hum dos dois Governos Se Obriga a garantir a liberdade daquella porção destes individuos que lhe for respectivamente consignada.

ARTIGO VIII.

Qualquer reclamação de indemnidade, por perdas occasionadas aos Navios suspeitos de fazerem o Commercio illicito de Escravos que não forem condemnados como boa preza pelas Commissões mixtas, deverá ser igualmente recebida, e julgada pelas sobreditas Commissões na fórma especificada pelo Artigo 3.º do prezente Regulamento.

E em todos os cazos em que se passar Sentença de restituição, a Commissão adjudicará a qualquer Requerente, ou aos seus Procuradores respectivos, reconhecidos como taes em devida forma, huma justa e completa indemnidade, em beneficio da pessôa ou pessôas que fizerem as reclamações:

1.º Por todas as Custas do Processo, e por todas as perdas e damnos que qualquer Requerente ou Requerentes possão ter soffrido por tal Captura e Detenção; isto he, no cazo de perda total, o Requerente ou Requerentes serão indemnizados:

1.º Pelo casco, massame, apparelho, e mantimentos.

2.º Por todo o frete vencido, ou que se possa vir á dever.

3.º Pelo valor da sua carga de generos, se a tiver.

4.º Pelos Escravos que se acharem á bordo no momento da detenção, segundo o calculo do valor dos sobreditos Escravos no lugar do seu destino; dando sempre porem o desconto pela mortalidade que naturalmente teria acontecido, se a viagem não tivesse sido interrompida; e além disso por to-

for the Profit of the Two Governments: And as to the Slaves, they shall receive from the mixt Commission a Certificate of Emancipation, and shall be delivered over to the Government on whose Territory the Commission which shall have so judged them shall be established; to be employed as Servants or free Labourers.— Each of the Two Governments binds itself to guarantee the Liberty of such Portion of these Individuals as shall be respectively consigned to it.

ARTICLE VIII.

Every Claim for Compensation of Losses occasioned to ships suspected of Carrying on an illicit Trade in slaves, not condemned as lawful Prize by the mixt Commissions, shall be also heard and judged by the above named Commissions, in the form provided by the Third Article of the present Regulation.

And in all cases wherein Restitution shall be so decreed, the Commission shall award to the Claimant or Claimants, or his or their lawful Attorney or Attornies, for his or their use, a just and complet Indemnification:

1.st For all Costs of Suit and for all Losses and Damages which the Claimant or Claimants may have actually sustained by such Capture and Detention — that is to say, in case of total Loss, the Claimant or Claimants shall be indemnified:

1.st For the ship, her Tackle, appareil and stores.

2.d For all Freight due and payable.

3.d For the value of the Cargo of Mercandize, if any.

4.thly For the Slaves on board at the time of Detention, according to the computed value of such Slaves at the Place of Destination; deducting therefrom the usual fair average mortality for the unexpired period of the regular Voyage, deducting also for all charges and Expences payable upon the sale of such

todos os gastos e despezas que se hajão de incorrer com a venda de taes Cargas, incluindo Commissão de venda, quando esta haja de se pagar.

5.º Por todas as demais despezas ordinarias em cazos semelhantes de perda total.

E em outro qualquer cazo em que a perda não seja total, o Requerente ou Requerentes serão indemnizados:

1.º Por todos os damnos e despezas especiaes occasionadas ao Navio pela detenção, e pela perda do frete vencido, ou que se possa vir a dever.

2.º Huma somma diaria, regulada pelo numero de toneladas do Navio, para as despezas da demora, quando a houver, segundo a Cedula annexa ao prezente Artigo.

3.º Huma somma diaria para manutenção dos Escravos, de hum shelling (ou cento e oitenta réis) por cabeça, sem distincção de sexo, nem de idade, por tantos dias quantos parecer á Commissão que a Viagem haja sido, ou possa ser, retardada por causa da detenção; e tambem

4.º Por toda e qualquer deterioração da Carga ou dos Escravos.

5.º Por qualquer diminuição no valor da Carga de Escravos, por effeito de mortalidade augmentada além do computo ordinario para taes Viagens, ou por causa de molestias occasionadas pela detenção; este valor deverá ser regulado pelo calculo do preço que os sobreditos Escravos terião no lugar do seu destino, da mesma fórma que no cazo precedente da perda total.

6.º Hum Juro de cinco por cento sobre o importe do Capital empregado na compra, e manutenção da Carga, pelo periodo da demora occasionada pela detenção.

E 7.º Por todo o premio de Seguro sobre o augmento de risco.

O Requerente ou Requerentes poderáõ outrosim pretender hum Juro, á razão de cinco por cento por anno, sobre a somma adjudicada, até que ella tenha sido paga pelo Governo a que pertencer o Navio que tiver feito a preza. O importe total das taes indemnidades deverá ser calculado na moeda do Paiz a que pertencer o Navio detido,

Cargoes, Including Commission of sale when payable at such Port. And

5.thly For all other regular charges in such Cases of total Loss.

And in all other Cases not of total Loss, the Claimant or Claimants shall be indemnified:

1.t For all special damages and Expences occasioned to the ship by the detention, and for Loss of Freight when due or payable.

2.dly A Demurrage when due, according to the Shedule annexed to the present Article.

3.dly A daily Allowance for the subsistence of Slaves of one shelling, or one hundred and eighty reis, for each person, without distinction of sex nor age, for so many days as it shall appear to the Commission that the Voyage has been or may be delayed by reason of such detention; — As likewise

4.thly For any Deterioration of Cargo or Slaves.

5.thly For any Diminution in the value of the Cargo of Slaves proceeding from an Encreased Mortality beyond the average amount of the Voyage, or from Sickness occasioned by Detention; This value to be ascertained by their computed Price at the place of Destination, as in the above Case of total Loss.

6.thly An allowance of Five per cent on the amount of Capital employed in the Purchase and Maintenance of Cargo, for the period of delay occasioned by the Detention; And

7.thly For all Premium of Insurance on Additional Risks.

The Claimant or Claimants shall likewise be entitled to Interest at the rate of Five per cent per annum on the sum awarded, until paid by the Government to which the Capturing ship belongs. The whole amount of such Indemnifications being calculated in the money of the Country to which the Captured ship belongs, and to be liquidated at Exchange

e liquidado ao Cambio corrente do dia da Sentença da Commissão, excepto a totalidade da manutenção dos Escravos, que será paga ao Par, como acima fica estipulado.

As DUAS ALTAS PARTES CONTRACTANTES, Dezejando evitar, quanto for possivel, toda a especie de fraudes na execução da Convenção Addicional da data de hoje, Convierão que, no cazo em que se provasse, de huma maneira evidente e convincente para os Juizes de Ambas as Nações, e sem lhes ser preciso recorrer á decisão do Commissario Arbitro, que o Captor fora induzido á erro, por culpa voluntaria e reprehensivel do Capitão do Navio detido; nesse cazo sómente, não terá o Navio detido direito a receber, durante os dias de detenção, a compensação pela demora estipulada no presente Artigo.

Cedula para regular a Estalia, ou Compensação diaria das despezas da demora.

Por hum Navio de
100 Toneladas até 120 inclusive.

				Livras Sterlinas.	5	Por dia.
121	dito	a	150	inclusive	6	
151	dito	a	170	dito	8	
171	dito	a	200	dito	10	
201	dito	a	220	dito	11	
221	dito	a	250	dito	12	
251	dito	a	270	dito	14	
271	dito	a	300	dito	15	

e assim em proporção.

ARTIGO IX.

Quando o Dono de qualquer Navio suspeito de fazer Commercio illicito de Escravos, que tiver sido posto em liberdade, em consequencia de Sentença de huma das Commissões mixtas (ou no cazo acima especificado de perda total) reclamar indemnidades pela perda de Escravos que possa haver soffrido, nunca elle poderá pretender mais Escravos além do numero que o seu Navio tinha direito de transportar, conforme as

current at the time of Award, excepting the sum for the subsistence of Slaves, which shall be paid *at Par* as above stipulated.

THE TWO HIGH CONTRACTING PARTIES wishing to avoid, as much as possible, every species of fraud in the execution of the Additional Convention of this date, have agreed, that if it should be proved, in a manner evident to the Conviction of the Judges of the Two Nations, and without having recourse to the decision of a Commissioner of Arbitration, that the Captor has been led into error by a voluntary and reprehensible fault on the part of the Captain of the detained ship, — in that Case only, the detained ship shall not have Right of receiving, during the Days of Her detention the Demurrage stipulated by the present Article.

Shedule of Demurrage or Daily Allowance.

For a Vessel of
100 Tons to 120 incl.ve

				Pounds Sterling.	5	Per diem.
121	d.o	to	150	incl.ve	6	
151	d.o	to	170	dito	8	
171	d.o	to	200	dito	10	
201	d.o	to	220	dito	11	
221	d.o	to	250	dito	12	
251	d.o	to	270	dito	14	
271	d.o	to	300	dito	15	

and so on in proportion.

ARTICLE IX.

When the Proprietor of a Ship suspected of carrying on an illicit Trade in Slaves, released in consequence of a Sentence of one of the mixed Commissions (or in Case, as above mentioned, of total loss) shall claim indemnification for the Loss of Slaves which he may have suffered, he shall, in no Case, be entitled to claim for more than the number of Slaves wich his Vessel was, by the Portuguese Laws, authorised to carry;

Leis Portuguezas, o qual numero deverá sempre ser estipulado no seu Passaporte.

which number shall always be declared in his Passport.

ARTIGO X.

A Commissão mixta estabelecida em Londres pelo Artigo IX da Convenção da data de hoje, receberá e decidirá todas as Reclamações feitas á cerca de Navios Portuguezes e suas Cargas aprezadas pelos Cruzadores Britannicos por motivo de Commercio illicito de Escravos desde o primeiro de Junho de mil oitocentos e quatorze, até a Epoca em que a Convenção da data de hoje tiver sido posta em plena execução, adjudicando-lhes, em conformidade do Artigo IX da dita Convenção Addicional, huma indemnisação justa e completa conforme as bases estabelecidas nos Artigos precedentes, tanto no cazo de perda total, como por despezas feitas e prejuizos soffridos pelos Donos e outros Interessados nos ditos Navios e Cargas. A sobredita Commissão estabelecida em Londres será composta da mesma maneira, e será guiada pelos mesmos principios já ennunciados nos Artigos I, II, III. deste Regulamento, para as Commissões estabelecidas na Costa de Africa, e no Brazil.

ARTICLE X.

The mixed Commission established in London by the Ninth Article of the Convention of this date, shall hear and determine all Claims for Portuguese ships and Cargoes Captured by British Cruizers on account of the unlawful trading in Slaves since the first of June, one thousand hight hundred and fourteen, till the period when the Convention of this date is to be in complete execution; awarding to them, conformably to the Ninth Article of the Additional Convention of this date, a just and complete Compensation upon the Basis laid down in the preceding Article, either for total Loss, or for Losses and Damages sustained by the Owners and Proprietors of the said ships and Cargoes. The said Commission established in London, shall be composed and proceed exactly upon the same Basis determined in the Articles I, II, and III. of the present Regulation for the Commissions established on the Coast of Africa and the Brazils.

ARTIGO XI.

Não será permittido a nenhum dos Juizes Commissarios, nem aos Arbitros, nem ao Secretario de qualquer das Commissões mixtas, debaixo de qualquer pretexto que seja, o pedir ou receber, de nenhuma das Partes interessadas nas Sentenças que derem, emolumentos alguns em razão dos deveres que lhes são prescriptos pelo presente Regulamento.

ARTICLE XI.

It shall not be permitted to any of the Commissary Judges, nor to the Arbitrators, nor to the Secretary of any of the mixt Commissions, to demand or receive, from any one of the Parties concerned in the Sentences which they shall pronounce, any Emolument under any Pretext whatsoever, for the performance of the Duties wich are imposed upon them by the present Regulation.

ARTIGO XII.

Quando as Partes interessadas julgarem ter motivo de se queixar de qualquer injustiça evidente da parte das Commissões mixtas, poderão representa-la aos seus Governos respectivos, os quaes se Reservão o

ARTICLE XII.

When the Parties interested shall imagine they have cause to complain of any evident injustice on the part of the mixt Commissions, They may represent it to their respective Governments, who reserve to themselves

direito de se Entenderem mutuamente para mudar, quando o Julgarem conveniente, os individuos de que se composerem estas Commissões.

ARTIGO XIII.

No cazo que algum Navio seja detido indevidamente com o pretexto das Estipulações da Convenção Addicional da data de hoje, e sem que o Captor se ache authorisado, nem pelo theor dá sobredita Convenção, nem pelas Instrucções á ella annexas, o Governo ao qual pertencer o Navio detido, terá o direito de pedir reparação; e em tál cazo, o Governo ao qual pertencer o Captor, se Obriga a Mandar proceder efficazmente á hum exame do motivo de queixa, e a fazer com que o Captor receba, no cazo de o ter merecido, hum castigo proporcionado á infracção em que houver cahido.

ARTIGO XIV.

As DUAS ALTAS PARTES CONTRACTANTES Convierão que, no cazo da morte de hum ou varios dos Commissarios Juizes e Arbitros que compoem as sobreditas Commissões mixtas, os seus lugares serão suppridos, *ad interim*, da maneira seguinte:

Da parte do Governo Britannico, as vacancias serão substituidas successivamente, na Commissão que rezidir nos Dominios de SUA MAGESTADE BRITANNICA, pelo Governador ou Tenente Governador rezidente naquella Colónia, pelo principal Magistrado do Lugar, e pelo Secretario: no Brazil, pelo Consul Britannico e Vice Consul, que rezidirem na Cidade onde se achar estabelecida a Commissão mixta.

Da parte de Portugal, as vacancias serão preenchidas, no Brazil, pelas pessoas que o Capitão General da Provincia nomear para este effeito; e vista a difficuldade que o Governo Portuguez acharia de nomear pessoas adequadas para substituir os lugares que possão vagar na Commissão rezidente nos Dominios Britannicos; conveio-se que,

the Right of mutual correspondence for removing when they think fit, the Individuals who may compose these Commissions.

ARTICLE XIII.

In the case of a Vessel detained unjustly under pretence of the Stipulations of the Additional Convention of this date, and in which the Captor should neither be authorized by the tenor of the above mentioned Convention, nor of the Instructions annexed to it, the Government to which the detained Vessel may belong, shall be entitled to demand reparation; and in such Case, the Government to wich the Captor may belong, binds itself to cause the subject of complaint to be fully examined, and to inflict upon the Captor, if he be found to have deserved it, a Punishment proportioned to the Transgression which may have been committed.

ARTICLE XIV.

The TWO HIGH CONTRACTING PARTIES have agreed, that in the event of the Death of one or more of the Commissioners Judges and Arbitrators, composing the abovementioned mixt Commissions, their Posts shall be supplied, *ad interim*, in the following manner.

On the part of the British Government, the Vacancies shall filled successively, in the Commission which shall sit within the Possessions of HIS BRITANNIC MAJESTY, by the Governor or Lieutenant Governor resident in that Colony, by the Principal Magistrate of the Place and by the Secretary: and in the Brazils, by the British Consul and Vice Consul, resident in the City in which the mixt Commission may be established.

On the part of Portugal, the Vacancies shall be supplied, in the Brazils, by such Persons as the Captain General of the Province shall name for that purpose; and, considering the difficulty, which the Portuguese Government would feel in naming fit Persons to fill the Posts which might become Vacant, in the Commission established in the British

succedendo morrerem os Commissarios Portuguezes, Juiz ou Arbitros, o resto dos individuos da sobredita Commissão deverá proceder igualmente a julgar os Navios de Escravatura que forem conduzidos perante elles, e á execução da sua Sentença. Todavia, neste cazo sómente, as Partes interessadas terão o direito de appellar da Sentença, se bem lhes parecer, para a Commissão que rezidir no Brazil; e o Governo ao qual pertencer o Captor, ficará obrigado a satisfazer plenamente as indemnidades que se deverem, no cazo que a appellação seja julgada a favor dos Reclamadores; bem entendido que o Navio e a Carga ficaráõ, em quanto durar esta appellação, no lugar da rezidencia da primeira Commissão perante a qual tiverem sido conduzidos.

As ALTAS PARTES CONTRACTANTES Se Obrigão a preencher, o mais depressa que seja possivel, qualquer vacancia que possa occorrer nas sobreditas Commissões, por causa de morte, ou qualquer outro motivo. E no cazo que a vacancia de cada hum dos Commissarios Portuguezes que rezidirem nos Dominios Britannicos, não esteja preenchida no fim de seis mezes, os Navios que alli forem conduzidos depois dessa Epoca, para serem julgados, cessaráõ de ter o direito de appellação acima estipulado.

Feito em Londres aos vinte e oito dias do mez de Julho do anno do Nascimento de Nosso Senhor JEZUS CHRISTO mil oitocentos e dezesete.

(L. S.) *Conde de Palmella.*

Possessions, it is agreed, that, in Case of the Death of the Portugueze Commissioners, Judge or Arbitrators in these Possessions, the remaining Individuals of the above mentioned Commission, shall be equally authorised to proced to the Judgment of such Slave ships as may be brought before them, and to the execution of their Sentence. In this Case alone however, the Parties interested shall hawe the Right of appealing from the Sentence, if they think fit, to the Commission resident in the Brazils, and the Government to which the Captor shall belong, shall be bound fully to defray the Indemnification wich shall be due to them, if the Appeal be judged in favor of the Claimants: It being well understood that the ship and cargo shall remain, during this Appeal, in the place of residence of the first Commission before whom they may have been conducted.

The HIGH CONTRACTING PARTIES have agreed to supply, as soon as possible, every vacancy that may arise in the above mentioned Commissions, from Death or any other contingency. And in Case that the Vacancy of each of the Portuguese Commissioners residing in the British Possesions, be not supplied at the End of six months the Vessels which are taken there to be judged after the Expiration of that time, shall no longer have the Right of Appeal herein before stipulated.

Done at London the Twenty Eight day of July in the Year of OUR LORD One Thousand Eight hundred and Seventeen.

(L. S.) *Castlereagh.*

E Sendo-Me prezente a mesma Convenção Addicional, cujo theor fica acima Inserido, e bem visto, considerado, e examinado por Mim tudo o que nella se contém, a Approvo, Ratifico, e Confirmo em todas as suas partes, e pela presente a Dou por firme e valida, para haver de produzir o seu devido effeito; Prometendo em Fé e Palavra Real de Observa-la, e Cumpri-la inviolavelmente, e Faze-la cumprir e observar por qualquer modo que possa ser. Em testemunho e firmeza do sobredito, Fiz passar a presente Carta por Mim assignada, passada com o Sello Grande das Minhas Armas, e referendada pelo Meu Secretario e Ministro de Estado abaixo assignado. Dada no Palacio do Rio de Janeiro aos oito de Novembro do Anno do Nascimento de Nosso Senhor JEZUS CHRISTO de mil oitocentos e dezesete.

EL-REI *Com Guarda.*

João Paulo Bezerra.

…ela presente a mesma Convenção Addicional, cujo theor fica acima inse-
…rto, considerada, e examinado por Mim tudo o que nella se contém,
…Ratifico, e Confirmo em todas as suas partes, e pela presente a Dou por
…, para haver de produzir o seu devido effeito; Promettendo em Fé, e
…de Observa-la, e Cumpri-la inviolavelmente, e Faze-la cumprir e observar
…modo que possa ser. Em testemunho e firmeza do sobredito, Fiz passar
…por Mim assignada, passada com o Sello Grande das Minhas Armas,
pelo Meo Secretario e Ministro de Estado abaixo assignado. Dada no Pa-
…de Janeiro aos … de Novembro do Anno do Nascimento de Nosso Se-
…CHRISTO de mil oitocentos e dezeseis.

EL-REI Com Guarda.

João Paulo Bezerra.

73-341 A
CB
P8530
1810
1-SIZE
V.1

seu poder todas as Attestaçoens necessarias de boa conducta, exacção, e prestimo durante o seu emprego na Secretaria da Intendencia, como Official e Interprete; e que se requereu a Demissão do Lugar, foi por lhe parecér desairoza a conservação de hum Lugar Publico aonde elle foi tratado tão mesquinhamente, tendo sempre cumprido os seus deveres, e sujeitado-se até a servir lugares que jámais lhe poderião pertencer.

REQUERIMENTO.

SENHOR.

DIz Luiz Sebastião Fabregas Surigué, que achando-se desde 19 de Agosto de 1823 empregado em a Secretaria da Intendencia Geral da Policia na qualidade de Interprete e Official della, e tendo servido desde o seu ingresso até meado do mez de Maio proximo passado, teve então o grave desgosto, e desairosa semsaboria de se ver quasi que insensivelmente envolvido na embrulhada que deo occasião á Portaria do Ministerio da Justiça de 19 de Maio de 1824, que por isso que já foi levada á Augusta Presença de V. M. I., torna inutil nova exposição, visto que nella teria o supplicante de replicar contra a maneira pouco decente, e menos liza com que se procurou indispor o Animo de V. M. I. contra o suppplicante: E como que em huma tal situação, e á vista da educação do supplicante, e sua constante conducta, se torna inconsistente com o seu modo de pensar, e de orçar as vantagens e interesses desta vida, continuar a servir no Lugar onde teve de experimentar tão sensivel dissabor; — Pede a V. M. I. Se Sirva Ordenar se lhe dê demissão do Lugar de Interprete e Official da Secretaria da Policia, Lugar nunca por elle requerido, e que lhe havia sido conferido pela mui reconhecida concurrencia de circunstancias, de prestimo, e boa conducta; reservando-se o direito de se offerecer a V. M. I. para bem do Serviço Nacional, e na extensão das suas forças; protestando humildemente contra a maneira verdadeiramente desabrida, com que se procurou aggravar na Presença de V. M. I. hum simples desforço contra o augmento de Serviço Oneroso e com clausulas desairosas, como se jámais fosse, ou tivesse sido necessario, estimular o supplicante no desempenho de seus deveres, desempenho não só publico e notorio, como attestado pelas Autoridades com quem lhe coube servir. Roga, por tanto, a V. M. I. Se Digne Ordenar se dê ao supplicante a demissão requerida. E R. M.

Luiz Sebastião Fabregas Surigué.

RIO DE JANEIRO 1824. NA TYPOGRAPHIA DE TORRES.

CPSIA information can be obtained
at www.ICGtesting.com
Printed in the USA
BVHW041444111218
535331BV00020B/893/P

9 780364 428535